PRÉDICTIONS

TRÈS - REMARQUABLES

SUR

LES ÉVÉNEMENS DE 1812, 1813 ET 1814,

FAITES

PAR LE VIEUX DE LA MONTAGNE,

LES 20 ET 23 JANVIER 1628.

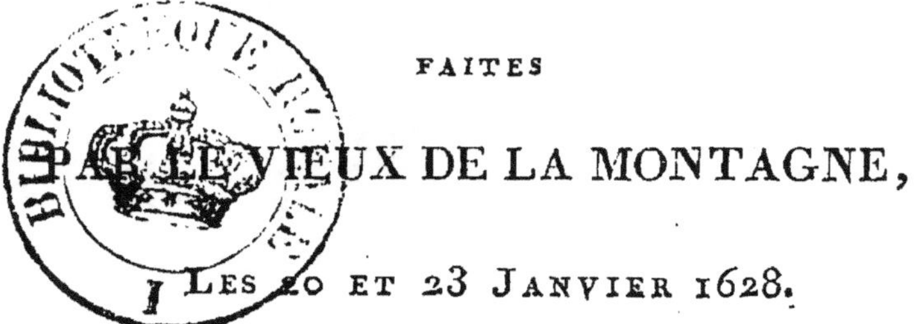

DE L'IMPRIMERIE DE CHARLES, RUE DAUPHINE, N°. 36,

PRÉDICTIONS
TRÈS-REMARQUABLES
FAITES LES 20 ET 23 JANVIER 1628,

Qui annoncent d'une manière fort claire la chute de BUONAPARTE, le rétablissement du trône des BOURBONS, la Paix générale et le salut de la France,

OU

EXTRAIT D'UN LIVRE ALLEMAND,

Imprimé en 1632, ayant pour titre : *Deux petits Traités merveilleux*, dont l'un relate *les révélations célestes et visions qu'a eues, en 1627 et 1628, une fille pieuse nommée* PONITOWSKA, *sur l'état de l'Eglise chrétienne, sa délivrance et l'épouvantable destruction de ses ennemis,*

TRADUIT PAR FRA.-MAR. DE MOUGÉ,

Ancien Magistrat de Strasbourg, Avocat à la Cour royale d'Alsace, prisonnier au Temple sous Buonaparte, etc.

ORNÉ D'UNE GRAVURE ALLÉGORIQUE.

———————

A PARIS,

CHEZ {
L'Editeur, rue de Surène n° 8, F. St. Honoré.
MONGIE JEUNE, LIBRAIRE, GALERIE DE BOIS, PALAIS-ROYAL.
CHARLES, Imprimeur rue Dauphine.

1814.

Louis xvi. Qui retribuunt mala pro bonis detrahebant
. . . . mihi, quoniam sequebar bonitatem. Ps. 37.
. . . . Circumdederunt me dolores mortis. Ps. 134.
Louis xviii. Ad Dominum cum tribularer, clamavi et
. . . . exaudivit me. Ps. 119.
Alexandre. Deposuit potentes de sede et exaltavit humiles·
. . . . Cant. de la Vierge.
Les Factieux. Peccator videbit et irrascetur, dentibus suis
. . . . fremet et tabescet.   Ps. 111.
La France. . Domine salvum fac regem nostrum Ludovicum.)
Dieu. . . . . Desiderium peccatorum peribit. Ps. 111.
. . . . Conquassabit capita in terrâ multorum. Ps. 109.
L'Europe.   Laudate dominum, omnes gentes, laudate eum,
. . . . omnes populi.   Ps. 116.

Notice historique tirée du Livre allemand.

Les visions, plus ou moins obscures, qui précèdent
celles que je publie, furent au nombre de dix-huit depuis
le 2 novembre 1627 au 23 janvier 1628. Depuis cette
époque jusqu'au 27 octobre même année, il n'y en eut
que neuf mêlées d'affaires étrangères et trop obscures
pour présenter dans ce moment quelqu'intérêt ; puis, il y
en eut encore 81 qui ne furent pas imprimées, parce
qu'elles n'avaient rapport qu'à la visionnaire elle-même
ou à la morale chrétienne en général.

La visionnaire dans ses extases parlait devant beaucoup
de monde et comme si elle était en action avec les personnes et les choses qu'elle voyait ; on écrivait les propos
interrompus et incomplets qu'elle tenait ; mais, plusieurs
jours après, elle écrivait elle-même le tout qui se liait
parfaitement avec ce qu'on avait recueilli.

L'an 1628, à la fin de janvier, cette personne, âgée de
16 ans à-peu-près, se trouvait chez une dame de condition
en Bohême, quand elle eut ses premières visions, et la
quitta pour être menée chez ses parens en Pologne, où elle
vécut encore long-temps après l'impression du livre dont
on publie ici les extraits ; ce livre est un in-4, sans noms
d'éditeur, d'imprimeur, ni de lieu d'impression.

La France Pacifiée et Reconnoissante porte ses hauts alliés dans son cœur.

31 Mars 1814.

De Mougé inv.

Maloeuvre sculp.

AUX HAUTES ET PUISSANTES

MAJESTÉS

QUI SE SONT ALLIÉES

POUR FIXER LA PAIX DE L'EUROPE

ET LE SALUT DE LA FRANCE.

Sires!

Ce n'est qu'à vos majestés que peut être dédiée la traduction de l'écrit ancien et authentique que je publie :

La concordance curieuse et extraordinaire des faits qu'il relate, avec ceux qui, depuis la campagne de Moscou, se sont passés sous nos yeux, semblent affermir la croyance, qu'il est des choses que le Tout-Puissant revèle quelquefois aux faibles mortels, pour leur prouver que rien ne se fait sans sa prévoyance et sans la volonté de son éternelle sagesse.

Je laisse à l'histoire et à des plumes habiles, le soin de transmettre à la postérité le récit

I

pénible des faits héroïques et des victoires
sanglantes qui ont illustré les guerriers et
affligé l'humanité ; mais, qu'il me soit permis
de rendre les humbles et faibles hommages
de mon admiration à la magnanimité, à la
bienfaisance, à la valeur, à la générosité, et
aux intentions franches, loyales et désintéres-
sées qui animent toutes les puissances alliées
en faveur de ma patrie.

Quelle espèce de gloire pourrait manquer
à vos MAJESTÉS ; à cette réunion unique et à
jamais mémorable ! !

Quelle reconnaissance ne lui doivent pas
les peuples de l'Europe entière ! et nous,
Français, entendrons-nous jamais prononcer,
sans être émus d'admiration, le nom de ce
jeune et vertueux chef qui, se dépouillant
de tout sentiment d'ambition, d'intérêt et
de vengeance, n'usa des droits terribles de
la guerre que pour jouir du plaisir noble et
généreux de pardonner même au moderne
Attila, et de consoler une nation affoiblie
par ses longs malheurs, en rendant à la
France, avide de repos et de ses anciens
maîtres, toute la pureté de sa grandeur avec
son Roi légitime. La calomnie publiait lâche-

chement qu'il marchait à la tête de *hordes barbares pour éventrer nos mères et dévorer nos enfans ;* sa magnanimité et sa bienfaisance ont confondu la calomnie !

Ne s'est-il pas montré digne de porter le nom de grand, celui qui, par ses vertus, s'est élevé au-dessus de toutes les faiblesses humaines ? Le magnanime ALEXANDRE ne s'est-il pas rendu digne de présider cette ligue divine, formée par la providence pour opérer et consolider le bonheur de l'Europe ?

Recevez, ILLUSTRES ET HAUTES PUISSANCES, le juste tribut de notre gratitude ; continuez, SIRES, votre aguste et noble bienveillance envers notre heureuse patrie ; ...... Soyez les amis de notre Roi aussi long-temps que durera la solide gloire , que personne (comme disent les visions que je publie) ne pourra vous enlever ; et, si quelque malheur devait encore planer sur nous , reparaissez , SIRES, comme des astres bienfaisans ; assurés de la pureté et de la générosité de vos intentions , et soutenus par le bras invincible de la Providence, les Français parviendront toujours à déjouer les méprisables complots de l'aveugle endurcissement et de la prétendue puissance des ennemis de leur monarque.

Un trône établi par tant de sagesse et de prodiges ne peut plus être ébranlé , et la France, portée en triomphe sur les boucliers de ses fidèles et vertueux enfans , doit unir à jamais, dans ses chants d'allégresse, comme dans ses cris de guerre, les noms révérés d'ALEXANDRE et de ses ALLIÉS , à celui de son Roi légitime.

Tels sont les sentimens et les vœux d'un des plus zélés et dévoués sujets de LOUIS XVIII.

Il est avec le plus profond respect ,

SIRES,

De Vos Hautes et Illustres Puissances,

Le très-humble et très-obéissant serviteur ,

FR. MAR. DE MOUGÉ.

Paris , le 3o Octobre , 1814.

AVANT-PROPOS.

Quoique le philosophe chrétien , l'homme
religieux et fidèle aux vrais principes , n'ait
aperçu dans les malheurs immenses et éton-
nans qui ont affligé le monde civilisé, que la
miséricorde de Dieu , qui , appliquant de
grands remèdes à de grands maux, a voulu ,
par des châtimens et de longues épreuves ,
épurer la France et l'Europe entière ; ... Quoique l'homme juste ait toujours fondé son espoir sur la miséricorde infinie du Tout-Puissant, à peine peut-il croire à la chute si subite
de ceux qui , par leur exemple , cherchaient
à propager l'irréligion et à perpétuer l'im-
moralité par les crimes ; à peine ose-t-il
croire que, par un miracle inoui dans les
fastes de l'univers, l'Europe en deuil, affaissée
depuis si long-temps sous le sceptre de fer
du plus cruel des tyrans, ait pu non seulement se relever tout-à-coup , briser le joug
impur, détruire cette monstrueuse puissance,
mais même nous transporter au beau siècle

d'Auguste, en cimentant une paix générale et solide; à peine, enfin, peut-il concevoir cet accord merveilleux de tous les Souverains de l'Europe qui, renonçant à l'ambitieuse et tortueuse diplomatie, se disposent personnellement, chacun en particulier, à tous les sacrifices possibles, pour, dans peu, ne faire plus qu'une seule et même famille, et ne plus défendre que les mêmes intérêts; ceux du bonheur de leurs peuples.

Que l'homme qui ne reconnaît pas encore la main de Dieu dans ces événemens extraordinaires est à plaindre ! l'extrême dépravation, à laquelle il a pris part, peut seule l'aveugler à ce point; mais, qu'il jette les yeux sur ces cités devenues la proie des flammes, sur ces moissons ravagées, ces familles désolées, sur ces milliers de héros que, par ses mains, l'ambition et les fureurs du tyran ont privés de la vie... Hélas! serait-il le seul qui n'y trouverait pas un parent, un ami, qui, d'une voix lugubre, lui adressa ces reproches terribles et ménaçans : « Et toi aussi, tu es mon assassin; je te re- » connais maintenant, puisque, ne pouvant » plus être dans l'erreur, tu persistes cepen- » dant à applaudir à ces horreurs; oui, c'est

» toi, toi-même, qui te déclares complice ;
» c'est toi, qui m'as percé le sein et qui le
» percerais encore ; ... Malheur à toi, malheur
» à ta postérité ! tu n'auras plus d'amis, tu
» n'auras plus de parens ; ..., mon âme s'at-
» tachera à la tienne pour la ronger éternel-
» lement ! »

Grâces te soient rendues, ô Providence infiniment juste, puissante et immuable ! ... l'espoir de tes fidèles n'a pas pu être trompé, mais tu t'es hâtée de leur amener le jour d'allégresse, de paix et de jubilation ; tu as détruit le pouvoir des méchans, de ceux qui, dans leur pensée sacrilège, se croyaient plus forts que toi ; tu leur as montré qu'en ta présence, ils n'étaient que poussière et néant. Que ceux qui semblent encore renier la sainteté de tes œuvres et la sagesse de tes desseins, méditent sérieusement dans la vérité de leur conscience, les prodiges dont ils ont été les témoins ; qu'ils lisent dans *l'é-crit authentique* que je leur mets sous les yeux, ce que tu parais avoir permis d'être révélé aux hommes, il y a cent quatre-vingts ans ; quelques incrédules qu'ils soient, ils ne pourront s'empêcher d'y voir le rapport le plus frappant avec ce qui s'est fait depuis deux ans ; et , s'ils ont encore dans le cœur la moindre étincelle de ce feu bienfaisant , par lequel le créateur a distingué l'espèce humaine , ils désireront, pour leur propre bonheur, l'accomplissement de ce qui y est promis ; ils l'espéreront et y contribueront.

Nous te remercions aussi , Buonaparte , pour le seul bien que tu nous as fait, quoique sans le vouloir ; tes crimes , tes excès ont sauvé le monde d'une dissolution totale , et Dieu a dû te permettre de sortir à temps de l'obscurité , pour donner l'essor à ton âme féroce et profondément corrompue , afin de prouver à l'univers entier , jusqu'à quel point de perversité peut se porter cet esprit faussement philosophique, qui, ennemi de tout vrai principe et de toute morale , tend au renversement et à l'extinction de toute religion... Oui , baisons, comme des enfans dociles, la verge qui nous a frappés ; elle est entre les mains de notre père commun ; c'est à lui à en disposer d'après son inaltérable sagesse et dans la vue du bonheur qu'il nous a préparé.

AVERTISSEMENT.

LE traducteur qui ne s'est déterminé à la publication de cet ouvrage, qu'après avoir vu paraître la prophétie de St.-Césaire, tirée du *liber mirabilis*, prévient, qu'il s'est attaché à une version strictement littérale, afin qu'il ne puisse exister aucun équivoque d'une langue à l'autre. Il a donc dû s'abstenir de toute périphrase ou circonlocution qui auraient embelli ou rendu la langue française plus coulante, mais qui auraient pu embarrasser le sens ou même l'altérer. Dans ces sortes de matières, où il est essentiel de mettre la vérité toute entière, et textuellement d'une langue dans l'autre, il est impossible que la traduction puisse rendre les beautés de l'original, puisqu'on est même souvent forcé de se soumettre à des imperfections inévitables. Pourvu donc qu'on rende une semblable traduction fidèle et intelligible, le but se trouvera rempli.

Il prévient aussi qu'il a déposé l'original allemand de ces visions, chez *le sieur Mongie jeune, libraire, galerie de Bois*, nº 208 , *à Paris*, afin que chacun puisse se convaincre par lui-même de l'exacte fidélité de la traduction.

N. B. Le traducteur et propriétaire de cet écrit n'avouera que les exemplaires qui seront revêtu de la gravure et de son parafe.

VISION DU 20 JANVIER 1628.

Page 198, du livre allemend.

LE jeudi, à une heure après midi, je tombai en extase, et le *Vieux* (1) m'approchant me donna la main et dit : « *que ma force et mon* » *triomphe tourne à ta gloire éternelle ! mais* » *à la chute et à la perte éternelles, d'ennemis* » *qui, fiers de leur force, espèrent vaincre au-* » *jourd'hui.*

» *C'est pourquoi viens avec moi ; je vais te* » *montrer des merveilles ; car voici le jour que* » *j'ai choisi pour rendre mon nom grand et* » *glorieux, et exécuter ce que depuis long-* » *temps j'ai résolu.* Il dit encore : *Observe* » *avec soin, pour que rien ne t'échappe ; car* » *ma volonté et ma force se répandront rapi-* » *dement comme la flamme du feu :* »

Et, aussitôt, je vis une très-haute montagne, au sommet de laquelle un homme sonnait de la trompette avec une telle force, que la terre en tremblait, et il se tournait successivement vers les quatre coins de l'univers ; mais les mots que formaient le son de cette

---

(1) C'est Dieu le Père que ce mot, *vieux*, doit désigner.

N. B. Toutes les autres notes de l'éditeur se trouvent à la fin du texte.

trompette, (car je les distinguai parfaitement,) furent les suivans : « *Rassemblez-*
» *vous, rassemblez-vous, ô vous, Nations des*
» *quatre parties de l'univers, pour exécuter ce*
» *qui plaît au Seigneur de la gloire.*» Et je vis,
comme de toute part il arrivait de nombreux
peuples , habillés de toutes sortes et différentes manières, qui se partagèrent aussitôt
et promptement en plusieurs groupes ; le
Seigneur me dit alors : « *Maintenant, prête*
» *soigneusement attention,* » et je vis que
de ces différens groupes, il se forma deux
puissantes masses qui se déploièrent l'une
contre l'autre , et j'entendis une voix qui dit :
« *Maintenant, il est temps.*» Et, aussitôt, les
deux masses s'approchèrent l'une de l'autre, et
il en résulta une bataille extraordinairement
acharnée. Mais le *Vieux* me dit : « *Viens ,*
» *montons au sommet de la montagne pour*
» *mieux voir tout ce qui se passera ,* » et nous
arrivâmes sur la montagne à la place où
l'homme avait sonné de la trompette, et le
Vieux me dit : « *Regarde ; voici l'armée du*
» *Midi, qui se bat pour la prostituée* (2) *et*
» *l'animal,* » et me la montrant du doigt, de
même que l'autre armée, il ajouta : « *Mais*
» *celle-là est celle du levant et du nord* (3) *dont*

» *il t'a été parlé long-temps auparavant; c'est*
» *pourquoi ressouviens - toi des différentes*
» *choses* (4) *qui t'en ont été dites de même*
» *que de l'autre; maintenant remarque bien et*
» *vois comme tout se passera ainsi que tu l'as*
» *entendu.* » Et je considerai soigneusement;
la bataille dura fort long-temps ; ceux du
Nord furent considérablement repoussés, (5)
et peu en échappèrent ; sur quoi je m'at-
tristai , craignant leur destruction totale.
Alors le *Vieux* me dit : « *Vois ! c'est mainte-*
» *nant qu'il viendra secours de Sion; du trône*
» *de ma puissance, comme il a eté prédit.* »
(la voix du Seigneur m'imposa silence , et sa
parole opéra afin que je puisse publier ses
œuvres) *Vois donc maintenant* , continua le
« *Vieux* » et je vis une grande armée (6) descendre du ciel, et un homme enflammé muni
d'un grand glaive la précéder; et cette armée
s'associa à la petite troupe du Nord ; et le
Vieux dit : « *regarde au-dessus de toi !* » et je
vis au ciel une main de feu étendue et tenant
un glaive ensanglanté; (7) je vis aussi descendre DU CIEL UNE VAPEUR TRÈS - ÉPAISSE
QUI TOMBA SUR L'ARMÉE DU MIDI. (8) L'armée
du Nord , de concert avec l'armée du Ciel (9)
battit celle du Midi , de manière qu'ils tom-

bèrent de tous côtés , et qu'il n'en resta qu'un petit nombre. Le *Vieux* dit alors : « *Soyez battus jusque dans l'abyme de la* » *terre , et couverts de poussière , malfaiteurs* » *que vous étes !* Il en fut ensuite encore tué, et le reste prit la fuite , de façon qu'il n'en resta aucun : et ceux du Nord partagèrent le butin , et firent retraite avec grande alégresse : (10) l'armée du ciel prit aussi vers le haut le même chemin d'où elle était venue , et la main de feu, armée du glaive , que j'avais vue , disparut aussi. Je demandai alors *au Vieux* qui étaient ceux qui avaient conduit l'armée du Nord? il dit: « *Tu les verras main-* » *tenant ,* » et, aussitôt, il vint sept personnes de distinction avec leurs aides , (11) et il dit : « *les voici ; benis - les en mon nom et dis-leur* « *que* J'EN AURAI ENCORE BESOIN POUR » PLACER MON HUMBLE SERVITEUR SUR SON » SIÈGE ROYAL , (12) QU'ILS NE DOIVENT PAS » NON PLUS S'EMBARRASSER DE QUELLE MA- » NIÈRE CELA SE FERA ; CAR LE ROI DE TOUS » LES ROIS QUI EST AU CIEL LES AIDERA , » ATTENDU , QU'AYANT PRIS CETTE AFFAIRE » SUR LUI , IL SAURA LA TERMINER A LA » LOUANGE DE SON NOM ET DE SA VÉRITÉ, A » L'ADMIRATION ET A LA TERREUR DE TOUTE

» LA TERRE SUR SES GRANDES, MAIS TRÈS-
» GRANDES ŒUVRES, ET QU'IL LEUR EST DES-
» TINÉ UNE RÉCOMPENSE QUI NE POURRA
» LEUR ÊTRE ENLEVÉE. » Après que je leur
eu dis cela, ils se prosternèrent tous la face
contre terre et s'écrièrent hautement : « Ah !
» Seigneur, Seigneur, qui peut t'égaler et
» être grand comme toi ! tu es le seul Dieu
» de gloire, le Dieu éternel et tout-puissant,
» et hors de toi il n'y a personne. Sois adoré,
» ô Dieu immortel, par les peuples qui ne
» te connaissaient pas auparavant ! Car tu
» es le seul vrai Dieu ; et les idoles de la
» terre, (13) ouvrage de la main des hommes,
» doivent rentrer au néant et ne jamais repa-
» raître. » Là dessus, le Seigneur (14) ordonna qu'ils eussent à se séparer, et me donna
aussi quelque chose d'enveloppé dans du papier, qui ressemblait à sept cornets à être
partagés entre eux, et j'en donnai un à chacun
d'eux, il les acceptèrent avec plaisir, ado-
rèrent Dieu et s'enfurent. Et le *Vieux* dit :
« *Vois ! tous les peuples maintenant vont con-*
» *naître mon nom et ma gloire répandue sur*
» *toute la terre, et il arrivera que celui qui*
» *invoquera le nom du Seigneur sera sauvé.*
Dans ce moment, le *Seigneur* vint à nous,

me donna la main et dit : « *Que la paix soit*
» *avec toi et avec tous ceux qui la demandent,*
» et dit de rechef : *dis-moi, tout est-il main-*
» *tenant accompli, et c'en est-il assez ou en*
» *faut-il encore plus ?* » N'ayant rien pu ré-
pondre là-dessus, je lui dis ; « Tu sais, Sei-
» gneur, Seigneur, que tout ce que ta main a
» projeté, ne peut manquer d'arriver, il
» dit : » *Vois ! il faut que ma gloire et ma*
grande puissance soient encore plus répandues,
afin qu'elles ne restent pas même ignorées chez
les payens les plus abjects, etc. (15) Pendant
ce temps, le *Vieux*, après m'avoir béni et
promis de revenir dimanche, nous quitta,
et moi je chantai quelques psaumes et des
cantiques, et le *Seigneur*, après m'avoir
aussi béni, me quitta de même. (16)

VISION DU 23 JANVIER, 1628,

Page 203 du livre allemand.

Le troisième dimanche après la fête des Rois, à trois heures après midi, j'ai eu la vision suivante : (17) le *Seigneur* (18) vint à moi revêtu d'un habit tellement rayonnant, que l'éblouissement m'empêcha de le fixer : le *Vieux* le suivait vêtu du même habit ; mais, devant eux, marchait une *troisième personne*, (19) de même grandeur, à la vérité, mais tout en feu et comme enflammée, tellement que je n'ai encore rien vu de semblable ; le *Seigneur* me dit alors : *Vois, aujourd'hui nous venons chez toi tels que tu nous vois, pour te montrer la différence qu'il y a entre nous quoique également qu'un dans notre égalité de force et de Divinité ;* (ici suit une définition théologique qui prolongerait trop.) Alors le Seigneur me prit par une main et le *Vieux* par l'autre, et nous marchâmes ensemble ; mais la *troisième personne* marcha devant nous et le Seigneur me dit : « *Vois, aujourd'hui te seront montrés*
» *les jugemens du Seigneur et sa grande puis-*
» *sance, comment il sait renverser de leurs*
» *siéges, le vain orgueil et la fastueuse arro-*
» *gance, appeler les humbles et les élever à*

2

I

» *leurs places. C'est pourquoi, remarque soi-*
» *gneusement ce qui va t'arriver;* » et bientôt
je vis devant moi un siége (20) élevé dans
lequel *F.* (21) était assis. De l'autre côté pa-
reillement un *siége* élevé où était assis *un*
autre (22) devant lequel se tenait une grande
multitude de peuples qui s'approchaient, se
retiraient et tombaient à ses pieds, lui ap-
portaient de l'or et de l'argent, pleuraient à
genoux devant lui et lui baisaient aussi les
pieds ; mais lui ne leur donna que , je ne
sais quels papiers (23) et lettres, et congédia
ainsi successivement l'un après l'autre. Lors-
que je vis cela , je priai le Seigneur de
vouloir bien me dire qui était celui que les
hommes traitaient au point de tomber à ses
pieds ? Le Seigneur me répondit : *C'est la*
prostituée de Babylone; (24) *la bête sauvage*
et cruelle qui s'arroge la puissance temporelle
et spirituelle, et veut avoir absolument tout sous
son empire et sous son ordre ; c'est-là l'homme
qui a troublé le repos de la terre, ébranlé les
royaumes et souillé quasi tout l'univers, et
auquel les peuples étaient tenus d'obéir. C'est
le vénimeux basilic de la race des vipères ;
c'est le dragon enflammé qui vola sur toute la
terre, auquel les Rois furent forcés d'obéir,

qui lance ses étincelles et qui souleva les peuples contre les peuples. (25) C'est lui qui se dit un pasteur, et n'est cependant qu'un loup carnacier, que l'animal et le prodige (26) le plus cruel; il se dit lieutenant de Dieu et chef des églises, (27) tandis qu'il n'est que le lieutenant de Satan et le plus méchant de mes contradicteurs. C'est celui qui a coutume de dire dans son cœur: je veux monter jusqu'au ciel, et élever mon siége au-dessus des étoiles de la Divinité : je veux m'élancer au-delà des nues, m'établir là, et être l'égal du Tout-Puissant. (28) Le Seigneur entendit ces paroles et vit ses pensées ; c'est pourquoi le Tout-Puissant ne voulu plus les endurer ; mais il s'éleva dans la force de sa colère pour rendre la pareille à cet arrogant blasphémateur de son nom, et l'empêcher à l'avenir de pervertir les peuples de la terre ; car assez long-temps il leur a fasciné les yeux par ses mensonges, pris d'eux de l'or et de l'argent, (29) donné du papier vuide sur lequel il n'était jamais tracé une seule lettre des mérites du Christ (30), et obscurci leurs cœurs au point qu'ils crurent à ses mensonges. (31) O homme infortuné ! Si tu savais ce qui doit t'arriver aujourd'hui, combien tu maudirais le jour de ta naissance !

O malheureux Moab, (32) ta corne te sera aussi tranchée, et ton bras sera rompu, dit le Seigneur-Seigneur : ta ruine est prochaine, et ta calamité se hâte extraordinairement de s'approcher; elle est arrivée.... Et la voici. Plaignez-le donc, vous tous qui connaissez son nom, et dites : Comment cette VERGE *puissante et ce* BATON *magnifique (33) se sont-ils brisés ainsi?.... Pleure insensé! ville jette des cris ! Car du* NORD, *(34) il vient du feu, et vois, déjà il se roule sur toi, et il n'y aura personne qui pourra le détourner ou l'éteindre ; c'est ainsi que parle le Seigneur; sortez de vos parures, revêtez-vous de sacs, roulez-vous dans les cendres. O vous qui avez cru régner éternellement sur beaucoup de peuples, (35) car voyez, je vais ébranler le ciel et faire trembler la terre ; ainsi donc approche-toi Nord, et toi Levant, (36) hâte-toi pour accomplir mes ordres : précipitez de leurs siéges ces orgueilleux, et brisez aussi les siéges, (37) parce qu'ils sont souillés par l'injustice, la cruauté et par toutes espèces de péchés et de crimes. (38)*

Le Seigneur me dit à moi ; *préte bien attention et vois :* Il vint aussitôt deux grands, l'un du Nord, l'autre du Levant, et de même qu'ils arrivèrent en grande hâte, de même aussi renversèrent-ils les deux de leurs siéges, de manière que la terre en fut ébranlée (39) et ils brisèrent aussi les siéges en petits morceaux. (40) Eux se roulèrent dans la poussière, meuglant comme des bœufs, et s'écriant : *Tu es juste, ô Seigneur, car tu nous as traités d'après nos œuvres; mais moi, j'entendis une voix comme celle d'un grand peuple qui disait: Vois donc comme c'en est fait de l'exacteur, et le tribut a fini.* (En note est imprimé : « l'exacteur est détruit et les contributions sont tombées. (41) Le Seigneur a brisé la verge des impies, la verge des dominateurs, maintenant enfin l'univers se repose et est calme en jetant des cris d'allégresse « le *Seigneur* de rechef et le *Vieux* parlant comme de la même bouche, dirent : » *Maintenant se reposera ma colère, car j'ai satisfait à ma parole et à ma résolution, que toute chair soit donc paisible devant le Seigneur, le maître de toute la terre; car il a fait d'après son bon plaisir et il en est arrivé ce que sa justice avait résolu.* Puis le Seigneur me dit : *Prête attention! Tu vas voir, maintenant, ce que depuis long-temps tes yeux ont désiré de voir :* Et bientôt je vis les deux (42) qui avaient renversé les autres de leurs siéges, revenir et amener avec eux *F. r* (43) qui marchait au milieu; mais en s'approchant de nous, je vis reverdir *F. r* comme un arbre et je m'écriai dans ma grande joie : Ah ! tu es l'olivier (44) qui verdit en face du Seigneur. Puis le Seigneur me dit, *regarde*, et je vis un beau *trône* (45) élevé et resplendissant, et le Seigneur dit aux deux hommes : «*Conduisez-l'y : et placez-le sur le trône en mon nom* ». Mais lui *F. r*, s'achemina lentement, comme s'il ne savait ou n'osait croire que cela le concernait, et ce qu'il devait en arriver.(46)Mais le Seigneur lui dit : *Avance, mon Serviteur, sors de l'obscurité et de la poussière ; car j'ai vu comme tu t'es humilié devant moi, et comme en secret tu as fléchis tes genoux en ma présence ; (47) oui, j'ai vu les larmes de ton cœur, c'est pourquoi, vas, remets-toi sur ce trône que depuis long-temps je t'ai réservé, (48) et ne crains rien, car ils ont disparu maintenant (49) ceux qui en voulaient à ta vie. (50) Assied-toi maintenant sur le trône fondé en mon nom et vois ; la* COURONNE QUI ÉTAIT TOMBÉE DE TA TÈTE, *(51) et que tu as regrettée en persistant avec patience dans l'espoir de l'accomplissement de mes promesses ; va y être replacée. Je vais maintenant mettre en évidence ta justice et ton innocence , (52) comme l'aurore d'un beau matin , pour que tous les peuples entendent ce que le Tout-Puissant a fait de toi.*

Alors *F. r* s'assit sur le trône, et sur le champ je vis une couronne merveilleusement belle, sortir comme d'une nuée, descendre attachée à une chaîne, ou cordon enflammé, et rester suspendue au-dessus de sa tête, et aussitôt que les deux hommes la virent, chacun d'eux, allongeant son bras droit, saisit la couronne qu'ils mirent sur la tête de *F. r*, et lui donnèrent en mains un sceptre et un glaive, (53) et le *Seigneur* avec le *Vieux* dirent encore : *C'est ainsi que prononce le Seigneur ; Seigneur qui place et déplace les Rois de la terre ;* VOIS, JE VEUX GARDER MON SERVITEUR ÉTERNELLEMENT ; MA FAVEUR ET MON ALLI-ANCE RESTERONT AFFERMIES AVEC LUI ; SANS CESSE MON ŒIL SERA DIRIGÉ SUR LUI ET MA MAIN NE LE QUITTERA PAS ; JE LE FORTIFIERAI AUSSI DE MON BRAS ; MA BÉNÉDICTION ET MA GRACE PLANERONT SUR LUI ; MON OREILLE LUI SERA CONSTAMMENT OUVERTE ET SES PRIÈRES SERONT EXAUCÉES (54). Pendant qu'ainsi *F. r*, était assis sous la couronne, (55) il sortit une flamme de la troisième personne qui était entre le *Seigneur* et le *Vieux* ; et *F. r*, de même que tout le trône, en fut couvert comme d'une nuée, (56) et le Seigneur dit : *Tout est maintenant accompli; maintenant je me complairai dans mes œuvres*, et CET HONNEUR ET CETTE GLOIRE TE RESTERONT ÉTERNEL- LEMENT. Alors *F. r.* se leva de son trône, se prosterna la face en terre devant les trois personnes, et dit : O Seigneur, Dieu, grand et juste, ce n'est qu'à toi qu'appartient ce triomphe, ce n'est qu'à toi qu'appartient cette sagesse ; à toi seul cet honneur et cette gloire ; mais moi, je ne suis que ton Serviteur : qu'il soit donc exalté le Seigneur, le Dieu d'Israël, qui seul sait opérer des prodiges ! que la Majesté de son nom soit louée éter- nellement, et que toute la terre soit pleine de sa grandeur ! et le Seigneur me dit encore : *Assure à ceux du Nord et du Levant*, QUE CE QU'ILS ONT FAIT DOIT SERVIR A ÉTERNISER LEUR GLOIRE *en face du Tout-Puissant, d'après l'ordre duquel s'est fait tout ce qui arriva* ; (57) je leur dis cela, et le Seigneur m'ordonna de chanter quelques versets du 89e psaume, et après les avoir chantés de même que d'autres psaumes encore, le Sei- gneur me dit : *Ressouviens-toi bien de tout ce* qui t'a été montré aujourd'hui ; mais ne le mets en écrit que quand je te l'ordonnerai ; conserve-le en attendant pour te réconforter et ensuite donne-le aux autres croyans pour les réconforter de même ; alors tous les trois me bénirent, et disparurent, et je revins à moi.

Fin du Texte des Visions.

NOTES.

(2) Très-certainement la France a été prostituée par la fausse philosophie et par la révolution.

(3) Cela désigne assez positivement la Russie et l'Autriche dont les armées étaient en mesure d'agir aussi.

(4) Choses dites dans les visions antécédentes, qui mêlées de trop de réflexions mystiques, et de peu d'importance aux circonstances, quoiqu'y ayant rapport, n'ont pas paru assez essentielles pour être imprimées.

(5) Il n'est parlé que de ceux du Nord, auxquels il resta effectivement peu de monde en comparaison des armées de Napoléon, et ils furent repoussés jusqu'à Moscou avec grande perte.

(6) Cette grande armée est sans doute figurément l'acte de la volonté du Tout-Puissant qui opéra ici, dans sa colère, comme il en avait agi, dans sa bonté, par la multiplication des pains.

(7) La main de feu peut désigner peut-être celle du commandant de Moscou armé de la torche, incendiant Moscou ; action qui fut le commencement de la catastrophe achevée par la famine, le froid et l'épée.

(8) Ce passage est on ne peut plus marquant ; cette *vapeur très-épaisse, qui se répandit sur l'armée du*

Midi seulement , de manière que ces guerriers tombè-
rent battus de tous côtés , ne peut être autre chose
qu'une neige , un frimat glaçant , qui les saisit tellement
qu'un grand nombre mourut , et que les autres purent
facilement être battus. Voyez la rélation de la campagne
de Russie par M. Eugène Labaume ; où il dit : *L'atmos-*
phère , qui jusqu'alors avait été claire et brillante , se
couvrit d'épaisses vapeurs , des tourbillons de neiges
aveuglaient les soldats , le froid terrible frappait les
hommes et les chevaux qui mouraient par milliers.

(9) Autre passage extrêmement remarquable. L'*armée*
du Nord de concert avec celle du Ciel , battit celle du
Midi , et qu'est donc devenue cette armée du Levant qui
s'est montrée au commencement de la vision? Elle se
trouve en inaction , comme l'armée autrichienne à la
campagne de Moscou.

Lisez encore l'ouvrage de M. Eugène Labaume , où
il dit : Les Russes ne nous laissaient aucun repos; il
fallait combattre à chaque pas , ou bien veiller sur la
neige où l'on était mort le lendemain.

(10) Il est très-certain que tous ceux de l'armée de
Napoléon , qui purent prendre la fuite à l'exemple de
leur chef, la prirent ; de façon qu'il n'en resta plus , et
que les Russes se partagèrent un butin immense. Donc
il faut nécessairement le croire : Ils furent parfaitement
réjouis.

(11) Il faudrait connaître les principaux généraux de
l'armée russe , pour voir si le nombre de sept s'y trouve ;
en tout cas, il y a sept puissances couronnées qui ont
formé l'alliance , qui a été si heureuse.

(12) **Ce passage** deviendra frappant par la vision du 25 janvier , mois remarquable et toujours concordant avec les campagnes de Napoléon.

L'événement a parfaitément justifié qu'on ne s'était pas formellement occupé du retour des Bourbons, que même il était , on ne peut pas plus incertain , et qu'absolument il a fallu un de ces coups admirables de la divine Providence , pour déterminer cet événement important qui étonna l'univers.

(13) Ce qui se passe sous nos yeux prouve qu'il n'est que trop vrai, que nous n'étions pas extrèmement éloignés de ces temps , dont la barbarie enfanta jadis les idoles.

La religion , sous Buonaparte, n'aurait pas été , il est vrai , tout-à-coup troquée contre l'idolâtrie formelle ; mais, peu-à-peu, tellement appauvrie , méprisée , et finalement abandonnée , que la perversité eût nécessairement atteint le même but que celui que les premiers Jacobins avaient improvisé.

Buonaparte, le plus dangereux des Jacobins , savait trop bien que le besoin d'une divinité était naturel à l'homme , mais c'était lui qui voulait être cette divinité, ou au moins son image adorée sur terre ; il importait à sa telle ambition de conquérir , non comme le fit Mahomet et d'autres, quelques peuplades , mais l'Europe entière pour se créer un pouvoir absolu , dont, à coup sûr, il aurait encore plus abusé que tous les autres sectaires; alors des générations entières , déjà gâtées , moulées sur la crainte qu'inspiraient ses cruautés, sur l'admiration qu'il s'accaparait aux dépens des autres, et sur les vices de toutes espèces qu'il tolérait, se seraient naturellement accoutumées à me voir,

à ne penser et à n'agir que par lui. La savante Egypte ,
la florissante Grèce et la vaillante Rome , eurent des
hommes qui se sont acquis, peut-être, la Divinité à meilleur
compte ; pourquoi donc nous étonnerions-nous , après
un demi-siécle de travaux anti-religieux , de la part de nos
soi-disant philosophes; après une révolution qui a toléré
tous les vices , et facilité tous les crimes en désarmant la
religion chrétienne, que Napoléon fût déjà un demi-
Dieu aux yeux de cette espèce de gens , qui n'ont rien
que de matériel , qui n'ont d'autre guide que la jouis-
sance de leurs passions , et d'autres avenir que le néant,
après avoir payé le tribut à la nature.

Aussi a-t-on vu les adhérens de ce demi-Dieu , de ce
Nabuchodonosor, qui déjà s'était élevé des statues, porter
au dernier point le fanatisme de leur culte , violenter
ceux qui se refusaient à leur croyance , rejeter toute
espèce de conviction contraire à leur opinion , briguer ,
accaparer des postes utiles à leurs projets , publier des
écrits dangereux ; et mieux que cela encore, n'en avons-
nous pas vu qui à la chute de l'idole sont morts subitement,
et d'autres qui sont tombés dans de longues maladies!!...

Espérons ; prions la Providence qu'une nouvelle civi-
lisation fasse tomber de dessus les yeux de ces hommes
à plaindre le bandeau fatal qui les couvrait.

(14) Ce mot *Seigneur* paraît , par ce qui suit, désigner déjà ici la seconde personne en Dieu.

(15) Promesses sur de plus grands événemens qu'on
verra dans la vision suivante du 23 janvier.

(16) J'ai abrégé la finale qui n'a rien de frappant et
prolongerait trop.

(17) Le nombre trois est ici singulièrement incident ; le 25 *janvier* , le *troisième dimanche* , après la fête *des trois Rois à trois heures* , puis l'apparition de la *Trinité*.. Le nombre trois est, dit-on , le plus heureux.

(18) *Le Seigneur* désigne la seconde personne en Dieu.

(19) La *troisième personne* indique l'Esprit-Saint,

(20) Pourquoi ces siéges ne sont-ils pas nommés trônes ? c'est ce qu'une distinction frappante nous enseignera.

(21) Pour hasarder une application de cet *F*. isolé , aux événemens , on ne peut lui en donner d'autre que la désignation de *France*. Qu'elle soit bonne ou non , il restera vrai , d'après les principes reçus pendant la révolution , que le peuple représenté par le Sénat ou le Corps-Législatif, formait la première puissance de l'Etat. Buonaparte a reconnu ce principe en conservant long-temps sur ses monnaies qui circulent encore , les mots .de *République française* au revers de son nom.

(22) *Un autre* sans énoncer de qualité, ce qui dénote qu'il n'est ici question que d'un gouvernant intrus.

(23) De nombreuses affiches de lois ; d'impôts ; de levées de conscrits, etc. , etc.

(24) Paris a été nommée une nouvelle Babylone , depuis long-temps ; la révolution surtout peut justifier cette dénomination.

(25) Tout cela n'a pas besoin de notes et s'applique facilement.

(26) Ce mot *prodige* n'est pas douteux, et peut rare-

ment même, aussi bien s'appliquer au mot cruel et à celui qu'il semble indiquer.

(27) Buonaparte a sans contredit eu cette prétention.

(28) Le nouveau catéchisme de France fait par ordre de Buonaparte peut être consulté sur ce point ; on y peut voir tout l'orgueil de ses prétentions.

(29) Les mensonges dont on s'est servi , et l'argent qu'on nous a soustiré , peuvent parfaitement être appliqués à ce passage.

(30) Ceci est à la lettre ; on a parlé , et fort rarement encore, d'un Dieu , mais jamais du *Christ*.

(31) Cela est tellement vrai, que quelques-uns y croient encore et ne veulent absolument pas être détrompés, parce que leur erreur a pleinement satisfait leur intérêt et des passions dont il leur serait trop dur de se dépouiller.

(32) Fils de Loth et de sa fille aînée.

(33) Rien de plus vrai et de plus applicable que ces deux expressions.

Une chose très-remarquable est ce terme *Bâton* pour désigner celui de sceptre dont on verra , comme pour le mot siége , une différence frappante.

(34) C'est à la France entière , fière de ses succès, que cela s'adresse sans doute.

(35) Toujours le Nord est le principal acteur , présidant les Souverains alliés , et ce feu qui en vient , peut vouloir indiquer les flammes de Moscou , qui sont devenues si funestes à ceux du Midi.

(36) Voilà l'Autriche d'abord, pour cette fois , de la partie , puis enfin tout ce qui est au Levant de la France.

(37) Cela peut désigner le renversement des gouver-
nans et des noms et formes du gouvernement.

(38) Il n'y a pas de doute que ceci ne soit parfaitement
applicable.

(39) Jamais, dit-on , guerrier n'a entendu de canon-
nade comme à Dresde ; la terre tremblait au loin par la
quantité de coups de canons qui partaient à la fois.

(40) Il est très-certain que jamais on n'a vu un état
entier, tel surtout que l'Empire français, être pris comme
d'assaut , plus promptement que la moindre forteresse
défendue ; cette expédition est un phénomène.

(41) Il n'y a pas de doute, que, quand les premiers
besoins du gouvernement paternel , que la Providence a
accordé à nos prières , seront une fois remplis, et le
désordre énorme des finances réparé, nous ne soyons
allégés de tout ce qui parait, à quelques gens, insup-
portable maintenant, et que cependant ils enduraient
même sans penser à se plaindre , de la part de l'homme à
la verge de fer. On remarque que ce sont ceux que la révolution a enrichis , ou au moins épargnés, qui crient le
plus ; croient-ils donc que les plaies faites à l'Etat peuvent se guérir aussi vite qu'ils les lui ont faites? ... S'ils
n'étaient pas encore les ennemis de leur patrie, ils trou-
veraient doux de faire quelques sacrifices dans ces pénibles momens, pour hâter l'heureux avenir que nous
prépare celui qui veut être le père de son peuple....

(42) Il n'est pas douteux, que dans ce qui nous est
arrivé, les empereurs de Russie et d'Autriche n'aient
joué les premiers rôles.

(43) Je ne puis interpréter ces lettres *F.* majuscule et *r* minuscule , que par ces mots *Franciæ, Rex.*

(44) En effet, cet arbre, emblème de la paix, a passé un hiver long et rigoureux.

(45) Ici, ce n'est plus un *siége*, ou *chaise*, comme dit l'original, mais un *trône* , nom dû exclusivement à la légitimité de celui qui l'occupe ; cette différence est bien remarquable.

(46) L'événement ne peut pas être mieux prédit ; car très-certainement Louis XVIII ne pouvait guères se flatter d'espoir, s'il est vrai, comme on le dit, que Buonaparte avait en poche, encore le 21 mars , c'est-à-dire, dix jours avant l'entrée à Paris, des propositions de paix signées par les Hauts-Alliés.

(47) Très-certainement, Louis XVIII, fils aîné de l'église, n'a pas dérogé à son titre de Roi très-chrétien. L'Europe entière ne sait-elle pas combien cette auguste et pieuse famille est attachée à la religion de ses pères... Et la digne fille de Louis XVI... Osera-t-on la nommer sans alarmer sa sainte humilité ? Et peut-on la nommer sans se retracer l'Ange de bonté et de douceur , le modèle religieux de toutes les vertus !... Heureuse France ! C'est là ce qui doit pronostiquer ton bonheur futur ; le vice et le crime n'ont qu'un temps et il est court ; tu l'as vu ; la religion, source pure de toutes les vertus, peut être opprimée, il est vrai, mais elle est éternelle ; tu l'as vue, persécutée, avilie, mais reprendre tout-à-coup toute sa splendeur. Qu'aurais-tu donc à craindre dorénavant des vains efforts du serpent qui se roule dans la fange que le soleil va durcir sur lui ?...

5

(48) Cela est très-analogue au long règne de la dynastie actuelle.

(49) Les *mots ont disparu ; sont à bas ; sont perdus*, peuvent seuls s'appliquer au texte allemand , *Sie Sind* , *nun* , *dahin* , qui n'indiquent d'aucune manière que les déchus devaient perdre la vie ; ils indiquent la perte du pouvoir de nuire au Roi et d'envoyer annuellement 3oo,ooo conscrits à la mort. L'événement justifie la prédiction , en ce que même ils sont comblés de bienfaits, ce qui a dû détruire l'inimitié si dangereuse à l'existence des prétendans. Ce sont ces bienfaits que la postérité ne concevrait jamais, si elle n'avait en même temps la certitude acquise, que la vertu et la religion seules peuvent honorer de cette manière un triomphe quelconque ; car nous avons malheureusement la funeste et longue expérience que le vice et l'impiété noyent le moindre des leurs , même avant et après , dans des flots de sang.

(5o) Il n'est pas douteux que, si la famille des Bourbons n'avait eu qu'une tête sur le corps de l'infortuné duc d'Enghien , elle n'en eut que d'autant plus vite sauté.

(51.) Cette couronne, tombée de la tête et replacée , est on ne peut plus frappante, et paraît ne pouvoir désigner que celle des Bourbons.

(52) C'est-à-dire *tes justes droits au trône et ton innocence sur les crimes que des scélérats régicides ont allégués pour lâchement assassiner* Louis XVI.

(53) Je fais ici une remarque que je ne crois pas déplacée dans les circonstances extraordinaires où se

trouve le Roi de France. La visionnaire voit, comme on vient de le lire, que les deux principaux Alliés mirent entre les mains du Roi, assis sur le trône, un sceptre et un glaive, sans doute comme deux des ornemens royaux les plus indispensables pour lui, dans ce moment, après la couronne. Cependant le cérémonial des Souverains d'Europe ne fait porter en main le glaive, ou l'épée qu'aux Empereurs, tandis que les rois de France la remettent au plus illustre de leurs officiers de guerre.

On remet au Roi de France le sceptre de Charlemagne, comme marque de puissance, *sceptre de droiture et d'autorité pour défendre son peuple contre les malintentionnés, et pour corriger les pervers*, etc. Il reçoit aussi la main de justice, *verge de vertu et d'équité, afin qu'elle l'apprenne à user de douceur envers les gens de bien et à se faire craindre des méchans; à remettre dans le droit chemin ceux qui s'égarent, à tendre la main à ceux qui sont tombés, à confondre les orgueilleux et à relever les humbles*, etc., et l'épée de France qu'on appelle *joyeuse*, parce qu'elle ne servait que dans les jours de réjouissance, n'était acceptée par le Roi que pour la baiser, la déposer sur l'autel et la remettre à son connétable.

Pour faire accorder ce dernier fait qui aura lieu, d'après l'ancienne rubrique, au couronnement de Louis XVIII, avec la présente vision, il faut nécessairement supposer que la remise de l'épée que le Roi garde en main, soit purement symbolique, tout comme, plus haut, la couronne attachée au ciel par une chaîne de feu, peut signifier que c'est du ciel seul qu'il la tient; et alors on pourrait dire aussi que le symbole de l'épée signifie que celui que Dieu, dans sa miséricorde, nous a rendu, gouvernera par lui-même avec cette bonté et cette justice qui lui sont naturelles ; mais qu'une sévérité ferme et juste lui donnera la force et la prudence de comprimer et de punir ceux que la méchanceté et la corruption pourraient encore porter à des excès contre leur maître légitime, et les détourner du ralliement de tout bon Français pour le bonheur de sa patrie.... Il en est du corps politique comme du corps humain ; un membre, dont la gangrène a resisté à tous les remèdes, doit être promptement retranché du corps qu'il ferait périr.

(54) Brillante perspective pour la France, magnifique et consolant avenir, puissiez-vous pénétrer le cœur de tout Français ! Quoi ! il en existerait que le bonheur de la patrie ne toucherait pas ! Quoi ! tant de miracles en si peu de temps ne feraient pas tomber de dessus vos yeux le bandeau fatal, dont un homme, étranger aux vertus comme à la France, les a couvert ! Serait-il possible que la Providence, qui a ordonné et exécuté tant de merveilles pour le bonheur de l'Europe entière, eût permis que vous bussiez à la coupe enchantée du vice pour devenir incurables ? Non, non ; le prodige de l'union politique de toutes les puissances de l'Europe ; celui de la destruction subite et étonnante d'une puissance colossalle ; celui enfin du retour d'un père, d'un légitime maître, reconnu pour tel et respecté de l'univers entier, doivent frapper votre entendement et fixer votre opinion. Il est évident que la Providence veille sur un monarque pieux, à qui, par vingt-cinq ans de malheurs, d'expérience et de méditations, elle a

appris à connaître les hommes et à régner ? Ce monarque n'oubliera point que la justice est la première vertu de la religion et du trône, et qu'il est de l'essence de la justice et de la pureté de la conscience de punir exemplairement le mal, comme de récompenser le bien ?.... Non, non, s'il était des hommes assez pervers et assez abandonnés de Dieu pour ne plus vouloir, ni entendre, ni voir, malheur à eux ! tôt ou tard, ce Dieu puissant signalerait de nouveau la force de son bras ; il disperserait les méchans comme l'aquilon disperse la poussière, et son glaive vengeur écraserait de son éternelle justice le criminel endurci.

(55) Presque rien de tout ce qui s'est passé n'a été oublié dans cette étonnante vision, et il semble que si l'on voulait en composer une pareille après avoir vu les événemens, on ne parviendrait que difficilement à signaler plus convenablement les faits, pour imprimer à l'ouvrage ce ton de mysticité et de prophétie qui distingue les Saintes Écritures.

(56) Cette flamme figure parfaitement bien l'émanation de l'Esprit-Saint, le don de la prudence, de l'intelligence et du discernement. Un monarque quelconque ne peut pas tout faire lui-même, vu que, dans le fait il n'est qu'un homme isolé et moins fort souvent qu'un autre ; mais, il faut qu'il fasse au moins par lui-même un choix sage de collaborateurs véridiques, probes, et d'un jugement sain, auxquels il enjoindra de ne lui rien cacher et d'être francs et libres dans leur avis ; de ministres instruits, zélés, justes, laborieux et désintéressés, qui sachent punir et récompenser à propos. De ce choix dépend le bonheur des peuples ; mais comment

réussir à le bien faire, si la Divinité n'accordait pas un don, un tact tout particulier, et encore, quoiqu'un souverain possède ce tact, ce ne seront que son constant et assidu travail, l'heureux résultat des mesures prises par ses ministres et le bonheur de ses peuples, qui pourront l'instruire s'il a bien ou mal choisi... Quels pénibles devoirs, quelles fatigues et quelle responsabilité en même temps !... Ne devons-nous pas toute notre reconnaissance, tout notre amour, tout notre dévouement pour seconder les intentions d'un bon Roi *qui veut être le père de son peuple.*

(57) Il n'y a pas de doute que les règnes d'*Alexandre* de *François*, et des autres *puissances* entrées dans la ligue divine ne soient à jamais illustrés ; il n'y a pas de doute, qu'aux yeux de l'univers entier, ils ne soient l'instrument de la miséricorde de Dieu, comme Buonaparte fut celui de sa colère ; il n'y a pas de doute enfin que les peuples de la terre ne bénissent éternellement leurs noms et leurs glorieuses actions... Et nous Français ! comment nous acquitterons-nous d'aussi signalés bienfaits après vingt-cinq ans d'horreurs que nous avons cru interminables?... Il n'est qu'une seule manière de reconnaissance pour nous, c'est de nous rallier autour du bon père qu'ils nous ont rendu ; c'est d'exterminer ce monstre horrible, cette philosophie tortueuse, erronnée, mensongère, et plus souvent malfaisante, qui a soufflé son subtil venin sur ceux qui, dans leur délire sanguinaire, nous ont si cruellement opprimés !... *Espérons fermement l'accomplissement du reste des visions authentiques que je publie;* suivons gaiement la route, qu'au nom de la divine Providence, les Rois de la terre

nous ont si sagement tracée, et terminons à jamais nos chants d'allégresse par les cris de vivent ALEXANDRE, nos braves Alliés, nos Libérateurs ; vivent les BOURBONS, vive Louis notre bon Roi !!

Fin des Notes.

www.ingramcontent.com/pod-product-compliance
Lightning Source LLC
Chambersburg PA
CBHW071523030726

47593CB00003B/1378